Princesse le
cheval de tra
Ferme des
Martin
Mare
(où est tombé le
tracteur de Jean)
Vieux train
à vapeur
Gare de
Pommeraie
Manège
Église
Village de
Pommeraie
Vers la
ville du
marché
Magasins
École
Manoir de
Pomme aie

HUIT AVENTURES DES CONTES DE LA FERME

Heather Amery
Illustrations : Stephen Cartwright

Rédaction : Jenny Tyler
Maquette : Joe Pedley

Pour l'édition française :
Traduction : Françoise Blits
Rédaction : Renée Chaspoul et Dani Leman

Il y a un petit canard jaune à chercher sur chaque page. 

Imprimé en Italie.

Sommaire

Petit cochon est coincé

Mme Dupré vit à la ferme des Pommiers avec ses deux enfants, Julie et Marc. Ils ont un chien qui s'appelle Caramel et qui les suit partout. Julie et Marc aident M. Dupré à s'occuper des animaux de la ferme. Ils leur donnent à manger tous les jours et s'assurent qu'ils ont toujours de l'eau fraîche pour se désaltérer.

À la ferme il y a une truie qui a cinq bébés. Le plus petit s'appelle Tire-Bouchon parce que, comme tous les cochons, il a la queue en tire-bouchon. Ils vivent dans un enclos où se trouve une petite cabane au sol recouvert de paille. Ils peuvent s'y abriter lorsqu'il pleut et, le soir, y dormir bien au chaud.

Tous les matins, pour le petit déjeuner, Mme Dupré leur apporte un seau rempli de nourriture qu'elle verse dans la mangeoire. Les cochons se bousculent bruyamment autour d'elle pour manger. Ce matin, Tire-Bouchon n'arrive pas à se frayer un chemin entre ses frères et sœurs, tous plus gros que lui, et il reste le ventre vide.

Tire-Bouchon a très faim et cela le rend très malheureux. Il fait le tour de l'enclos à la recherche d'un petit quelque chose à grignoter mais ne trouve rien. Soudain, il aperçoit un passage sous le grillage. Il y glisse le groin puis se faufile entièrement de l'autre côté.

Un peu inquiet d'être seul, Tire-Bouchon n'abandonne pas pour autant sa quête de nourriture. Il se retrouve nez à nez avec les vaches occupées à mâchonner leur petit déjeuner. Il s'approche tout content. Mais hélas, il ne s'agit que de foin sec et sans goût, ce qu'il n'aime pas du tout !

Tire-Bouchon laisse les vaches à leur repas et trottine jusqu'aux moutons. Ils sont également en train de prendre leur petit déjeuner. « Zut alors, eux aussi mangent du foin ! Il n'y a décidément rien pour moi ici », pense Tire-Bouchon.

Il poursuit son chemin jusqu'au champ où se trouve le cheval. Il constate avec dépit que lui aussi se nourrit de foin. « Mais pourquoi personne ne mange ce que j'aime ? » soupire Tire-Bouchon.

Tire-Bouchon va voir les oies, occupées à fouiner dans l'herbe. L'une d'elles le regarde fixement et le rabroue d'une manière peu sympathique. Il s'en va donc ailleurs...

... et arrive devant une palissade. Il regarde au travers et découvre un poulailler. Les poules ont un grand plat de nourriture qui lui semble très appétissant.

Il doit trouver un moyen d'entrer. Tire-Bouchon réussit non sans peine à passer la tête entre deux lattes disjointes, puis, en poussant de toutes ses forces à l'aide de ses pattes de derrière, parvient à se glisser dans le poulailler.

Tire-Bouchon est affamé. Il met son groin dans le plat des poules et engloutit une grosse portion de nourriture. C'est délicieux, et il dévore tout ce qui reste. Les poules, excédées, caquettent très fort mais le petit cochon ne s'en préoccupe pas. Son festin fini, Tire-Bouchon se sent vraiment bien.

Soudain une voix mécontente retentit. C'est Mme Dupré qui est penchée au-dessus de la palissade. « Que fais-tu dans le poulailler ? Comment es-tu entré, vilain petit cochon ? »

Affolé, Tire-Bouchon se précipite pour tenter de sortir entre les deux lattes disjointes. Sa tête passe sans difficulté, mais son ventre est tellement gros après ce festin qu'il se retrouve coincé.

Tire-Bouchon pousse de toutes ses forces mais il ne peut vraiment plus bouger. Il se met à crier. Julie, Marc et Caramel arrivent en courant pour voir ce qui se passe. « Tire-Bouchon est trop drôle ! » s'exclame Julie en riant.

Mme Dupré pousse Tire-Bouchon pour tenter de le faire sortir. « Julie et Marc, aidez-moi ! » Caramel aussi voudrait bien aider.

Mme Dupré pousse, Julie pousse, Marc pousse, le petit cochon couine... Il est bel et bien coincé !

Tout à coup, après un dernier effort et un grognement sonore, Tire-Bouchon se dégage et s'affale sur le ventre. « Il est sorti ! » s'écrie Marc. Tire-Bouchon est étalé de tout son long sur le sol, trop épuisé pour se remettre sur ses pattes.

Mme Dupré le soulève et le prend dans ses bras. « Pauvre petit cochon, lui dit-elle, tu as vraiment eu très peur mais maintenant tu es sain et sauf. » Julie le caresse gentiment. « Venez les enfants, nous allons le ramener dans son enclos. »

Mme Dupré dépose Tire-Bouchon auprès de sa maman et de ses frères et sœurs. « En fait, je pense que Tire-Bouchon avait faim et qu'il est parti à la recherche de nourriture, dit-elle. Demain, tu auras double portion. »

Depuis, Tire-Bouchon n'a plus à partir à la recherche d'un copieux petit déjeuner.

Le secret de l'épouvantail

C'est samedi matin, Julie et Marc s'amusent avec Caramel. Ils trouvent M. Dupré très occupé à bricoler dans la grange. « Que fais-tu papa ? » demande Marc. « Cela a vraiment l'air bizarre ! Qu'est-ce que c'est ? » ajoute Julie. « Vous le saurez bientôt », répond M. Dupré.

Julie et Marc observent M. Dupré, qui attache de la paille autour d'un piquet de bois. Ils le regardent faire sans avoir encore deviné de quoi il s'agit. « S'il vous plaît, allez chercher mon vieux manteau dans la remise... et apportez aussi mon vieux chapeau. » Les enfants, toujours aussi intrigués, y vont en courant.

Ils reviennent bientôt avec le chapeau et le manteau. M. Dupré a fixé un sac sur le haut du piquet et a dessiné un visage dessus. « Je sais ce que c'est, s'écrie Julie, c'est un épouvantail ! » Puis, tous ensemble, ils finissent de l'habiller.

Ils lui mettent le chapeau sur la tête et nouent une écharpe autour de son cou. « Mettons-lui les vieux gants que nous avons trouvés », dit Marc.

« Il a l'air d'un vieux monsieur bien gentil, dit Julie, nous allons l'appeler M. Lapaille. » La chatte Moustache observe ce qui se passe et renifle l'épouvantail.

« Voilà, on a terminé, dit M. Dupré, il est prêt pour faire du bon travail. Julie, peux-tu m'aider à le transporter dans le champ, il n'est pas très lourd. Et toi Marc, s'il te plaît, prends la pelle, nous allons en avoir besoin. »

Julie et son papa transportent M. Lapaille dans un champ où l'on vient de semer du blé. M. Dupré creuse un grand trou et ils y installent l'épouvantail.

Ensuite, ils tassent bien la terre autour du piquet afin que M. Lapaille tienne debout et résiste aux bourrasques de vent.

Une fois ce travail achevé, Marc, Julie et M. Dupré contemplent avec satisfaction M. Lapaille. « Il a l'air vrai, dit Julie, je suis sûre qu'il fera peur à tous les oiseaux. »

« Surtout aux corbeaux », ajoute Marc. « Voilà une bonne chose de faite, dit M. Dupré. Laissons maintenant M. Lapaille travailler tranquillement. »

Le lendemain, M. Dupré, Julie et Marc flanqués de Caramel se rendent au champ de blé.

Ils s'arrêtent à la clôture pour observer M. Lapaille qui se tient les bras écartés. « Il travaille très bien, dit M. Dupré, il n'y a déjà plus aucun oiseau dans le champ. » « Il est vraiment très efficace, tous les corbeaux se sont éloignés », remarque Marc.

« Si nous allions voir l’épouvantail de M. Martin ? » propose M. Dupré. Ils s’y rendent tous ensemble. De nombreux oiseaux picorent les graines dans le sol. Certains audacieux sont même perchés sur l’épouvantail. « Il ne sert à rien », dit Julie. « Ce n’est pas comme notre M. Lapaille », ajoute Marc.

Chaque jour, Julie et Marc se rendent auprès de l'épouvantail. Un matin, Marc demande : « Pourquoi M. Lapaille est-il si efficace, a-t-il une arme secrète ? » « Je n'en ai aucune idée, répond Julie, mais j'ai parfois l'impression que son manteau bouge. On dirait presque qu'il respire, ce qui est plutôt étrange. »

« Allons voir d'un peu plus près », propose Marc. « Viens Caramel, dit Julie, mais ne fais pas de bruit. » Tous trois passent par-dessus la barrière et, en silence, traversent le champ pour aller examiner M. Lapaille.

Ils tournent autour de l'épouvantail en l'observant avec attention. Caramel le renifle. « Regarde Marc, il y a quelque chose qui remue à l'intérieur de son manteau », dit Julie. « En effet, et en plus j'entends un drôle de bruit. Qu'est-ce que cela peut bien être ? » continue Marc.

« Regardons à l'intérieur », dit Julie. Elle défait un bouton et entrouvre délicatement le manteau de M. Lapaille. « Oh ! s'exclame Marc, regarde, c'est Moustache, elle a eu deux adorables chatons. » « Comme ils sont mignons ! » ajoute Julie.

Marc et Julie prennent les chatons dans leurs bras pour les cajoler. Moustache les observe avec fierté. « Voilà donc le secret de l'épouvantail. Il était aidé par Moustache pour chasser les oiseaux », dit Julie.

« Ils forment tous deux une très bonne équipe », ajoute Marc. Tout contents, ils remettent les chatons dans le manteau de M. Lapaille.

Le vilain mouton

Mme Dupré possède sept moutons blancs qui vivent dans un grand pré. Celui-ci est entouré d'une clôture avec une porte que l'on tient toujours bien fermée. L'un des moutons a une tache noire sur l'œil et s'appelle Bouclette.

Un matin, alors que tous les moutons sont occupés à brouter, Bouclette, elle, regarde de l'autre côté de la clôture. L'herbe verte tous les jours, c'est ennuyeux ! Elle aimerait bien trouver quelque chose de plus drôle à manger. Elle fait le tour du pré pour trouver un moyen de sortir.

Elle se rend compte que la porte n'est pas bien fermée, elle n'a pas été attachée correctement. En passant son museau dans le petit espace, elle réussit à l'ouvrir un peu plus. En poussant encore un peu, la porte s'ouvre suffisamment pour que Bouclette puisse se faufiler à l'extérieur.

En gambadant dans la ferme, Bouclette aperçoit un enclos dont la porte est grande ouverte. Elle entre doucement et regarde autour d'elle.

C'est le jardin de Mme Dupré. Celui-ci est rempli de fleurs. Bouclette en goûte quelques-unes. Elles sont si jolies et ont un goût si différent de cette herbe ennuyeuse !

Bouclette court dans tous les sens et goûte à toutes sortes de fleurs. Elle renverse un pot mais n'y prête pas attention. Elle mâchonne des fleurs jaunes, des rouges, des bleues et garde les violettes pour la fin.

Bouclette les trouve toutes succulentes. Elle n'avait jamais fait un tel festin. Soudain, elle commence à avoir le hoquet. Finalement, les fleurs ne sont peut-être pas la meilleure nourriture pour les moutons...

Tout à coup, Bouclette entend un bruit. Elle arrête de mâcher et écoute. « Que fais-tu dans mon jardin, Bouclette ? s'écrie Mme Dupré. Mais, tu as mangé toutes mes fleurs ! Sors d'ici tout de suite, vilain mouton ! »

Mme Dupré est très en colère. « C'est la foire du village aujourd'hui, explique-t-elle à Marc et Julie, et je voulais y apporter mes plus belles fleurs. Je pensais pouvoir gagner un prix cette année. Malheureusement Bouclette les a toutes abîmées. » « Il en reste peut-être assez pour faire un tout petit bouquet », dit Julie.

Bouclette a peur et sort du jardin en courant. Elle se cache derrière la palissade et les observe. Elle sait qu'elle a fait une grosse bêtise, car jusqu'à aujourd'hui Mme Dupré ne l'avait jamais grondée. Julie prend la main de sa maman : « Viens, lui dit-elle, il faut y aller maintenant. » « Oui, répond Mme Dupré, nous sommes déjà en retard. Le temps que nous arrivions, tout aura commencé ! »

Mme Dupré, Julie, Marc et Caramel descendent le chemin qui mène à Pommeraie, où se tient la foire tous les ans. Bouclette les regarde s'éloigner en mâchant la dernière fleur. Comme ils ne l'ont pas remise dans son enclos, elle décide de les suivre. Personne ne s'en aperçoit.

Bouclette arrive dans le grand pré où se tient la foire. Elle s'arrête à l'entrée et regarde autour d'elle. Elle ne voit que le dos des personnes qui sont rassemblées là. Elles sont toutes en train de regarder quelque chose et d'applaudir. Mais elle n'aperçoit ni Mme Dupré, ni Marc, ni Julie, ni même Caramel.

Bouclette se faufile dans la foule, passe sous une corde et se retrouve nez à nez avec deux autres moutons et un monsieur en blouse blanche. Bouclette est intriguée, tout le monde la regarde en parlant très fort.

Tout à coup, Mme Dupré et Caramel se précipitent vers elle. « Que fais-tu là Bouclette ? demande Mme Dupré. Tu devrais être à la ferme ! » « Ce mouton est à vous ? » demande le monsieur à la blouse blanche. « Oui, répond Mme Dupré, mais je ne sais pas ce qu'il fait là. »

« Quoi qu'il en soit, il a gagné le prix du plus beau mouton ! déclare le monsieur. Voici une coupe d'argent pour vous et une cocarde pour votre mouton. » « C'est formidable, dit Mme Dupré en riant, merci beaucoup ! » Marc et Julie caressent Bouclette, et Caramel semble se demander pourquoi il n'a pas gagné de prix.

Une fois la foire terminée, Mme Dupré, Julie, Marc et Caramel ramènent Bouclette à la ferme des Pommiers. Mme Dupré porte la coupe d'argent et Bouclette arbore sa cocarde derrière l'oreille. Elle sait que quelque chose de bien s'est passé et a l'air toute contente. « Maintenant, dit Mme Dupré, tu vas retourner dans ton pré et... ne te sauve plus ! En somme, tu es une coquine très maligne. »

Le tracteur dégringole

Jean travaille à la ferme et aide la famille Dupré. Il conduit le tracteur et les autres engins agricoles. Il a toujours beaucoup de choses à faire.

Ce matin, il a rempli la remorque de foin et se dirige vers le pré pour nourrir les moutons. Julie et Marc le regardent s'éloigner.

Les enfants vont ensuite s'amuser dans la grange où M. Dupré a installé une balançoire. « Julie, tu entends ? dit Marc tout à coup. Le tracteur fait un drôle de bruit et Jean crie. » Julie arrête de se balancer : « Allons voir », dit-elle en descendant de la balançoire.

Suivis de Caramel, les deux enfants courent jusqu'au pré. Le tracteur, dont le moteur fait un bruit d'enfer, descend la pente à vive allure. Jean le contrôle tant bien que mal : « Je ne sais pas ce qui se passe mais je n'arrive pas à l'arrêter ! leur crie-t-il. Il doit y avoir un problème avec les freins ! »

Le tracteur va de plus en plus vite, la remorque finit par se détacher, dévale la pente et va s'écraser contre la clôture. Elle se renverse et tout le foin tombe par terre. Julie, Marc et Caramel tentent de rattraper le tracteur qui, lui, continue sa course folle.

Le tracteur rentre dans la barrière, faisant voler le bois en éclats. « Oh là là ! s'exclame Julie, Jean doit être furieux car il va falloir qu'il répare tout cela ! » Mais Jean, bien accroché au volant, est trop occupé à essayer de diriger le tracteur pour se soucier de la barrière.

Le tracteur arrive droit dans la mare. Il s'enfonce dans l'eau en éclaboussant les canards qui, affolés, s'envolent en poussant de grands cris.

Le moteur tousse, hoquette puis s'arrête en émettant un long sifflement. Soudain, tout est redevenu calme et paisible.

« Ouf ! » s'exclame Julie.

Jean descend du tracteur et se retrouve dans la mare avec de l'eau jusqu'en haut des bottes. Un nuage de fumée s'échappe du moteur. Les canards observent la scène avec étonnement. Marc, Julie et Caramel s'approchent et regardent Jean.

Pauvre Jean, il est complètement trempé ! Julie le soutient pendant qu'il retire ses bottes pour en vider l'eau. « Jean, que vas-tu faire maintenant ? » demande-t-elle un peu inquiète. « Comment vas-tu sortir le tracteur de la mare ? » ajoute Marc.

« Il va falloir demander de l'aide à M. Martin », leur répond Jean en essorant l'une de ses chaussettes. « Marc, Julie, rentrez à la ferme et expliquez à votre mère ce qui s'est passé. Dites-lui de téléphoner à M. Martin. » Les enfants, suivis de Caramel, partent immédiatement. « Nous ne serons pas longs ! » crie Julie.

Frissonnant de froid, Jean attend au bord de la mare. Heureusement Julie, Marc et Caramel reviennent rapidement, accompagnés de leur voisin M. Martin. Ce dernier est venu avec Princesse, son cheval de trait. « J'aime beaucoup Princesse, soupire Julie, elle est si grande et si gentille ! »

« Ne t'inquiète pas Jean, dit M. Martin, nous allons sortir ton tracteur de là ! »

M. Martin a apporté avec lui deux solides cordes. Il les accroche à une extrémité au harnais de Princesse pendant que Jean rentre dans l'étang pour fixer les deux autres extrémités au tracteur. Julie, Marc et Caramel les regardent faire.

Puis, M. Martin prend la bride de Princesse et lui dit : « Vas-y ma grande, montre-nous ce dont tu es capable ! »

Princesse avance de quelques pas en tirant de toutes ses forces. Tout doucement, le tracteur commence à bouger. Jean retourne dans l'étang pour le pousser pendant que Princesse tire. « Vas-y Princesse ! » s'exclame Marc.

Princesse semble y mettre toute son énergie et tout à coup, le tracteur fait un bond en avant. Jean perd l'équilibre, ses mains glissent et plouf ! Il tombe dans l'eau. Maintenant non seulement ses bottes sont remplies d'eau, mais il est complètement mouillé et couvert de boue.

Princesse doit encore faire quelques efforts pour sortir complètement le tracteur de l'eau. « Il vaut mieux laisser le tracteur sécher et revenir plus tard pour redémarrer le moteur », dit M. Martin tout en défaisant les cordes et en les enroulant.
« Jean, tu es tout trempé ! » s'exclame Marc.
« Et couvert de boue ! » ajoute Julie.

Aidés de M. Martin, Marc et Julie montent sur le dos de Princesse. Le fermier s'installe derrière eux. « Tout le monde à la maison. Accrochez-vous bien ! » s'exclame-t-il lorsque Princesse commence à avancer. « C'est super ! » dit Julie. « Oui, j'adore faire du cheval ! » renchérit Marc. Jean est si mouillé qu'il doit rentrer à pied. « Merci encore pour votre aide », dit-il à M. Martin entre deux éternuements.

La tempête de neige

C'est l'hiver, et cette nuit il a neigé à la ferme des Pommiers. Lorsque Mme Dupré, Julie et Marc se réveillent, ils constatent que dehors tout est blanc et que la neige continue à tomber. Caramel gambade partout en aboyant comme un fou.

« Pouvons-nous aller jouer dehors ? » demande Julie. « Oui, mais mettez vos bottes et des vêtements bien chauds, répond Mme Dupré. N'oubliez pas non plus votre bonnet et vos gants, car aujourd'hui il fait vraiment froid ! » Elle enroule aussi une écharpe autour du cou de Marc. « Faisons un bonhomme de neige ! » dit-il.

Jean est déjà au travail et avance avec difficulté dans la neige épaisse. Il apporte de la nourriture et de l'eau fraîche aux cochons qui se sont réfugiés dans leur cabane. Il va ensuite nourrir les vaches, les poules, les canards et les oies.

Marc dépose des graines sur le petit perchoir des oiseaux : « Non, Caramel, ce n'est pas pour toi ! » dit-il en riant. Alors que Julie met une dernière touche à son bonhomme de neige, Jean arrive en tirant une luge.

« Où vas-tu, Jean ? » lui demande Julie. « Je dois apporter du foin aux moutons, répond-il, viens m'aider si tu veux. »

Marc, Julie et Caramel accompagnent tous Jean jusqu'au pré. « C'est une bonne idée d'utiliser la luge », remarque Julie. « Oui, mais c'est difficile à tirer », ajoute Marc. « Encore un petit effort, nous y sommes presque ! » dit Jean.

« Arrêtons-nous un instant, je suis fatigué », soupire Marc en lâchant la corde. « Je n'y arrive pas toute seule et j'ai l'impression que la neige est plus profonde ici », dit Julie. « Je vais pousser et toi, tu continues à tirer », propose Marc.

Caramel saute sur la botte de foin. « Si c'était en pente, nous pourrions tous monter sur la luge et nous laisser glisser », regrette Marc.
« Caramel, descends de là, la luge est bien assez lourde comme cela ! » s'exclame Julie.

Ils atteignent enfin la porte du pré et s'arrêtent, interloqués : le champ est vide ! « Mais où sont donc passés les moutons ? » s'écrie Marc. « Ils doivent être sous la neige, explique Jean, mais heureusement, leur toison de laine les protège. Nous allons les chercher. » « Ils doivent être affamés », s'inquiète Julie.

Jean ouvre la porte, et ils se mettent à chercher les moutons. Plusieurs bosses apparaissent à la surface du champ. En dégageant la neige, ils s'aperçoivent que sous chacune d'elles se trouve un mouton. Malgré cette couverture de neige, leur toison est étonnamment sèche et chaude. Marc donne à chacun une bonne poignée de foin, qu'ils avalent avec bonheur.

Ils restent un moment à observer les moutons, lorsque Julie s'exclame : « Il en manque un ! Je n'en vois que six et en principe ils sont sept. » Ils recomptent tous les moutons pour être sûrs. « C'est cette coquine de Bouclette, soupire Jean. Où a-t-elle pu encore aller ? »

Ils jettent un coup d'œil autour d'eux mais ne voient rien. Ils commencent alors à explorer tout le pré. « Avec toute cette neige, elle n'a pas dû aller bien loin ! » Marc appelle alors Caramel : « Toi seul peux trouver Bouclette. Vas-y, cherche ! »

Soudain, semblant avoir senti quelque chose, Caramel traverse le pré à vive allure. Tous le suivent en s'enfonçant dans la neige. Tout à coup, Caramel s'arrête près d'une haie couverte de neige et aboie en sautant tout autour. « Il a dû trouver quelque chose », dit Julie.

Jean regarde sous la haie. « Tu vois quelque chose ? » lui demande Julie. « Oui, Bouclette est cachée là-dessous ! » répond Jean. « Bravo Caramel ! Tu as retrouvé cette coquine. Tu es vraiment extraordinaire ! » s'enthousiasme Marc.

Jean s'accroupit dans la neige et passe sous la haie. « Allez, ma grande, dit-il à Bouclette, je vais t'aider. » Et il la tire doucement vers lui. Bouclette se débat et crie mais se retrouve rapidement sur ses quatre pattes. Julie en profite alors pour enlever la neige qui la recouvre encore.

« Ramenons-la auprès des autres moutons », dit Jean. Soudain Marc s'écrie : « Jean, Jean, il y a quelque chose d'autre sous la haie ! Ça bouge ! »
« Qu'est-ce que cela peut bien être ? » dit Julie.
« Allons voir ! » s'exclame aussitôt Jean.

Jean s'accroupit de nouveau dans la neige et regarde sous la haie. Il en sort doucement une minuscule boule : c'est un agneau ! « Bouclette a eu son petit, dit-il, c'est pour cela qu'elle s'est mise sous la haie, à l'abri de la neige ! Ramenons-les à l'étable. Ils y seront bien au chaud et en sécurité. »

« Julie, mets-toi sur la luge et prends l'agneau dans tes bras », dit Jean en lui tendant le petit. Jean tire la luge et Bouclette trottine à côté.

« Comme ce petit agneau est mignon ! dit Julie. Quelle surprise, tout de même ! » « Encore bravo, Caramel, pour les avoir trouvés dans la neige », ajoute Marc.

La chèvre grognon

Ce matin, Mme Dupré, Julie, Marc et Caramel reviennent du verger où ils sont allés cueillir des pommes. Sur le chemin de la ferme, ils aperçoivent Jean en train de pousser une brouette pleine de paille. « Où allez-vous avec cette paille ? » demande Mme Dupré. « C'est pour l'abri de la chèvre, répond Jean. D'ailleurs Marc et Julie, je vous rappelle que c'est votre tour de le nettoyer. »

Julie et Marc suivent Jean jusqu'à l'enclos où se trouve Brunette la chèvre. Avant de rentrer, Julie et Marc observent un moment Brunette qui n'a vraiment pas l'air de bonne humeur. « Je me demande si elle va nous laisser nettoyer son abri, s'inquiète Marc. Elle a l'air d'être très grognon ce matin. » « Ne faites pas attention à elle, dit Jean. Bon, je vous laisse car j'ai encore beaucoup à faire ! »

Les enfants ouvrent la barrière et se dépêchent d'atteindre l'abri. Brunette les observe aussi. Soudain, elle baisse la tête, fonce sur Marc et le bouscule, réussissant presque à le faire tomber. « Sauvons-nous avant qu'elle ne recommence ! » dit Julie. Ils sortent de l'enclos en courant et referment bien la barrière derrière eux.

« Que faire maintenant ? » demande Marc. « Si nous voulons nettoyer l'abri de Brunette, il va falloir la faire sortir de l'enclos et la mettre dans le champ à côté », suggère Julie. « Et comment allons-nous nous y prendre ? » s'inquiète Marc.
Ils regardent la chèvre en essayant de trouver une solution. « J'ai une idée ! » dit Marc, et il se dirige vers la ferme.

Il est bientôt de retour et apporte avec lui un sac en papier. Julie ouvre la barrière et Marc tend le sac : « Regarde Brunette, les bons morceaux de pain, dit-il, viens vite les chercher. » Brunette arrache le sac, le mange ainsi que son contenu... et reste dans son enclos !

« Essayons avec de l'herbe », suggère Julie. Elle en arrache quelques touffes et les disperse près de la barrière. « Regarde Brunette, la bonne herbe bien fraîche », lui dit-elle. Brunette a vite fait d'avaler toute l'herbe et retourne aussitôt dans son enclos. Marc referme la barrière. « Comment va-t-on faire ? » s'inquiète Julie.

« J'ai une autre idée ! s'exclame Marc. Brunette n'a jamais attaqué Jean, donc si je lui ressemble, elle ne me fera rien. » « C'est une bonne idée... sauf que tu ne ressembles absolument pas à Jean ! » remarque Julie.

« Attends-moi ici et tu vas voir ! » lui répond Marc en partant vers la ferme.

Lorsque Marc revient, il porte le chapeau de Jean et son vieux manteau. Julie ouvre de nouveau la barrière de l'enclos. Marc entre en faisant de grands pas et en tentant de se grandir pour que Brunette le prenne pour Jean. Mais la chèvre fonce sur lui et lui donne un autre coup de tête. « Raté ! s'exclame Julie en riant, cette petite chèvre est loin d'être stupide. »

« Je vais aller chercher une corde », dit Julie. Lorsqu'elle revient, ils tentent encore une fois de pénétrer dans l'enclos de Brunette.

« Écarte-toi, Marc ! » dit Julie. Elle fait un nœud à la corde, la fait tourner comme un lasso au-dessus de sa tête puis la lance en direction de Brunette. Mais celle-ci s'écarte et la corde retombe sur le sol.

« Vite ! Vite ! s'écrie Marc. Elle va encore me charger ! » Marc, Julie et Caramel se précipitent vers la porte poursuivis par Brunette. « Elle sort ! Elle sort ! s'écrie Marc. Ferme la barrière ! » Brunette trottine dans le pré voisin et commence à manger de l'herbe.

Julie et Marc s'enferment dans l'enclos de la chèvre et entreprennent de nettoyer son abri. Ils ramassent la vieille paille et la déposent dans la brouette, puis ils couvrent le sol de paille fraîche. « Voilà qui est fait ! dit Julie. Je vais pousser la brouette et toi, tu prends le balai et la pelle. »

Julie ouvre la barrière et sort la brouette de l'enclos. « Allez, Brunette, dit Marc, tu peux rentrer maintenant ! » Les enfants se tiennent à l'écart pour qu'elle ne puisse pas les attaquer. Mais Brunette regagne tranquillement son enclos, que Marc et Julie prennent soin de refermer avant de partir.

Brunette se retourne et les observe. « Tu es vrai ment très grognon aujourd'hui, dit Julie. Pourtant nous avons bien nettoyé ton abri et nous t'avons apporté de la paille fraîche... » « Viens Julie, laissons-la à sa mauvaise humeur », finit par dire Marc. Les deux enfants rentrent donc à la ferme en poussant la brouette pleine de vieille paille.

Le lendemain matin, Jean va chercher Julie et Marc. « Vous êtes allés voir Brunette aujourd'hui ? » demande-t-il. « Certainement pas ! Cette chèvre a trop mauvais caractère ! » s'exclame Julie.

« Venez donc quand même la voir avec moi », dit Jean. Curieux, Marc, Julie et bien sûr, Caramel, le suivent jusqu'à l'enclos.

Arrivés devant la barrière Jean leur dit : « Regardez, Brunette a eu un petit la nuit dernière ! » En effet, à côté de Brunette se trouve un petit chevreau qui a du mal à tenir sur ses pattes. « Comme il est mignon ! » s'exclame Julie.

« Brunette a l'air d'être de meilleure humeur », fait remarquer Marc. « C'est vrai, on dirait qu'elle sourit, ajoute Julie. Mais en tout cas, moi, je ne retourne pas dans cet enclos ! »

Un tracteur en difficulté

C'est l'hiver et ce matin, il neige à la ferme des Pommiers. Mme Dupré est allée à la grange préparer des seaux de nourriture pour les animaux. Puis, aidée de Marc et de Julie, elle les apporte aux poules et aux cochons. Le vent est si fort qu'ils ont tous du mal à garder leur chapeau sur la tête.

Jean s'occupe de son tracteur. Il en prend grand soin, veillant à ce qu'il soit toujours bien propre et bien huilé.

Chaque soir, pour qu'il ne se rouille pas, il le gare dans la remise. Chaque matin, avant de se mettre au travail, il vérifie le moteur.

Après avoir donné à manger et à boire aux cochons, aux poules et aux vaches, Marc et Julie vont jouer dans la grange. Là, ils sont bien à l'abri du vent qui, aujourd'hui, souffle tellement fort qu'il fait pencher les arbres. Caramel, quant à lui, s'amuse à chasser des lapins.

Lorsque Jean passe devant la grange sur son tracteur, les enfants lui font de grands signes. « Où vas-tu ? » demande Marc. « Je vais voir si les moutons ont assez à manger et si leur abri n'a pas besoin de réparations », leur crie Jean tout en poursuivant son chemin.

Arrivé près du champ, Jean gare le tracteur sous un arbre et coupe le moteur. À peine a-t-il mis un pied à terre que son chapeau est emporté par une forte bourrasque de vent. Il le ramasse, en secoue la neige et le replace solidement sur sa tête.

Il examine l'abri et se rend compte qu'une partie du toit s'est détachée et se balance dangereusement dans le vide. « Il faut que je répare cela tout de suite », se dit-il.

Muni de sa boîte à outils, Jean ouvre la barrière et entre dans le pré. Les moutons sont occupés à manger leur foin. Certains le regardent tout de même monter à l'échelle puis ramper sur le toit. Très rapidement, Jean réussit à fixer la partie cassée avec des clous.

De la grange, Julie et Marc entendent soudain un bruit fort et sourd. Ils arrêtent de jouer et se regardent : « Qu'est-ce que c'est ? » demande Marc, un peu inquiet. « Je ne sais pas, mais nous ferions mieux d'aller voir », dit Julie. Caramel en tête, ils se dirigent en toute hâte vers le pré.

De l'autre côté de la barrière, Jean regarde son tracteur d'un air consterné. Le vent a déraciné le grand arbre. « Il est tombé juste sur le tracteur ! » s'exclame Julie. « Il faut trouver un moyen de le sortir de là ! » dit Marc.

Jean est très contrarié : non seulement l'arbre l'empêche d'accéder à la cabine mais il a égratigné toute la peinture ! « Que vas-tu faire, Jean ? » demande Marc. « On ne peut pas bouger l'arbre, il est trop grand et trop lourd... » s'inquiète Julie.

« Il va falloir demander de l'aide à M. Martin, dit Jean. Pouvez-vous retourner à la ferme et demander à votre maman de l'appeler pour lui expliquer ce qui s'est passé ? »

Marc, Julie et Caramel partent immédiatement en courant. « On revient tout de suite, Jean, dit Marc. On fait la course, Julie ? »

Jean, qui attend près du tracteur, aperçoit bientôt M. Martin qui se fraye un chemin dans la neige. Il est venu avec Princesse, son gros cheval de trait, et a apporté sa tronçonneuse ainsi que des cordes.

« Bonjour Jean ! dit M. Martin. Bon, voyons comment régler ce petit problème... Je vais d'abord couper la branche qui bloque la cabine. » Il attache Princesse à la barrière et met en route sa tronçonneuse. Marc, Julie et Caramel le regardent couper le bois.

Après avoir coupé les branches en petits morceaux, M. Martin arrête sa tronçonneuse. Il détache ensuite Princesse et fixe deux cordes à son harnais. Jean noue les autres extrémités au tronc de l'arbre.

« Allez ma grande », dit M. Martin à Princesse. Il la dirige et elle réussit à dégager le tronc d'arbre du tracteur. « Bravo Princesse », dit M. Martin en lui tendant une grosse pomme. Princesse la renifle, puis l'attrape entre ses dents. « Bravo Princesse ! » s'exclament Marc et Julie en chœur. « Elle est vraiment très efficace ! » dit Julie. « Et très forte ! » ajoute Marc.

« Merci beaucoup », dit Jean à M. Martin en remontant dans la cabine de son tracteur.
« Et merci à Princesse aussi », ajoute Marc.
M. Martin repart avec sa jument.
Julie, Marc et Caramel le suivent. Jean fait démarrer le tracteur et le ramène dans la cour de la ferme.

Dans la cour, Jean examine de près son tracteur. Il y a plusieurs égratignures mais pas de gros dommages. Après être allé dans la remise chercher un pot de peinture et un pinceau, Jean se met au travail. « Il sera bientôt aussi beau que neuf », dit-il à Marc et Julie qui le regardent faire.

Une nuit sous la tente

C'est l'été, dehors il fait chaud et le soleil brille. Mme Dupré est occupée à tondre la pelouse. Marc rassemble l'herbe coupée avec un râteau et Julie la met dans la brouette. Tout à coup, une voiture s'approche et s'arrête devant la ferme. « Tiens, qui cela peut-il bien être ? » dit Mme Dupré. « Allons voir ! » s'exclame Marc.

Mme Dupré, Marc et Julie se dirigent vers l'entrée. Un monsieur, une dame et un petit garçon descendent aussitôt de la voiture.

« Bonjour, dit le monsieur, nous sommes en vacances dans la région. Serait-il possible de camper dans votre ferme ? »

« Bien sûr ! Vous pouvez vous installer dans ce pré, là-bas », répond Mme Dupré. « Nous allons vous montrer le chemin », poursuit M. Dupré. Accompagné de Julie, Marc et Caramel, il traverse la cour de la ferme et ouvre la barrière. Les vacanciers les suivent dans leur voiture.

Après avoir trouvé un emplacement pour leur tente, les campeurs déchargent le matériel. Julie et Marc les observent : « Pouvons-nous vous aider ? » demande Julie. « Avec plaisir ! » répond la dame. Marc et Julie transportent des chaises, une table et un réchaud jusqu'à la tente.

Puis tous retournent à la ferme. « Il vous faut de l'eau et du lait frais », dit Mme Dupré en tenant un seau dans une main et une cruche dans l'autre.

Julie se précipite dans la cuisine et en ressort avec un grand bol. « Voici aussi quelques œufs, dit-elle, les poules les ont pondus ce matin. » « Merci beaucoup, c'est vraiment très gentil ! » répondent en chœur les vacanciers.

Munis de l'eau, du lait et des œufs, les trois nouveaux venus repartent vers leur tente. « Papa, dit Marc, j'aimerais bien faire du camping aussi. » « Oh oui ! Pouvons-nous monter notre tente dans le pré ? » demande Julie. « S'il te plaît, papa ! » insiste Marc. « D'accord ! » consent M. Dupré. Il va chercher la tente au grenier.

Julie et Marc transportent leur tente jusqu'au champ et la sortent de son sac. Une fois les piquets et les cordes triés, ils commencent à la monter. Cela avait l'air d'être si simple lorsque les campeurs installaient la leur ! Celle de Marc et Julie n'arrête pas de s'écrouler. De plus, pour tout arranger, Caramel essaie de se faufiler à l'intérieur. « Sors de là tout de suite ! » s'exclame Marc.

« Arrête de tirer comme ça ! » s'écrie Julie. « Je fais ce que je peux », réplique Marc alors que la tente s'écroule de nouveau. Ils remettent tout en ordre et recommencent. Ils poussent, ils tirent, ils se disputent, ils grondent Caramel, jusqu'à ce que la tente finisse par tenir debout ! « Nous y sommes tout de même arrivés ! » soupire Marc.

Mme Dupré arrive à ce moment-là : « Il faut venir dîner maintenant, puis vous mettre en pyjama et vous laver les dents. Ensuite vous pourrez vous installer dans la tente pour la nuit. » Marc fixe le dernier piquet dans le sol. « Votre tente est parfaite ! » dit le campeur.

Après avoir dîné et s'être préparés pour la nuit, Marc et Julie sortent de la ferme et se dirigent vers leur tente. « Bonne nuit, dormez bien », leur dit Mme Dupré. « Bonne nuit, à demain matin », répond Julie. « Viens Caramel, tu peux camper avec nous », ajoute Marc.

Julie et Marc se faufilent sous la tente et referment bien la porte. Puis ils se glissent dans leur sac de couchage. « C'est drôle de camper ! » dit Julie en riant. « Je suis content que papa ait bien voulu ! » répond Marc. « Caramel, arrête de jouer sinon tu rentres à la maison ! » s'exclame Julie. Ils finissent par s'allonger et s'endormir.

« Julie, réveille-toi ! » s'écrie tout à coup Marc en s'asseyant. « Qu'est-ce que c'est que ce bruit ? J'entends marcher autour de la tente... » Julie se redresse et écoute. « Je ne sais pas, lui répond-elle. Je vais aller voir. »

Julie sort de son sac de couchage, ouvre la tente et regarde dehors : « Ce n'est que Daisy, notre vieille vache, dit-elle. Elle a dû venir du champ d'à côté, elle est si curieuse ! » Julie referme la tente et se recouche. « Caramel, couche-toi et dors ! » dit-elle encore.

Tout à coup, la grosse tête de Daisy apparaît dans l'entrebâillement de la porte. La gentille vache regarde dans la tente… « Daisy, va-t'en ! » s'exclame Julie. Caramel saute et se met à aboyer. Daisy prend peur, beugle, essaie de se reculer mais sa tête reste coincée dans la toile de tente !

Daisy tire sur la tente. Elle tire tellement fort qu'elle l'arrache et se sauve avec. Caramel la poursuit en aboyant. « Qu'allons-nous faire maintenant ? » demande Marc. « Difficile de camper sans tente ! Je pense qu'il ne nous reste plus qu'à rentrer à la maison », soupire Julie.

Scierie
Maison de Jean
Enclos de l'âne Gaspard (il est dedans)
Camping
Champ des vaches
Daisy
Grange
Porcherie (où habite Tire-Bouchon)
Jardin
Tracteur rouge
Champ de l'épouvantail
Ferme des Pommiers
Champ des moutons
Bergerie
Bouclette
Poste d'aiguillage
Vieux moulin
Château en ruine
Champ de foire